Caroline AUDOUIN

En attendant Octobre

Caroline AUDOUIN

En attendant octobre

Date de publication :

ISBN 2955030112

« Le Code de la propriété intellectuelle interdit les copies ou reproductions destinées à une utilisation collective. Toute représentation ou reproduction intégrale ou partielle faite par quelque procédé que ce soit, sans le consentement de l'auteur ou de ses ayant droit ou ayant cause, est illicite et constitue une contrefaçon, aux termes des articles L.335-

2 et suivants du Code de la propriété intellectuelle. »

Caroline AUDOUIN

EN ATTENDANT OCTOBRE

Caroline AUDOUIN

En attendant Octobre, j'userai de mon temps à planter des fleurs pour orner les vases que tu auras fabriqués.

En attendant Octobre, ton corps prendra une couleur dorée que l'automne t'enviera.

En attendant Octobre, chaque jour passera au rythme des tics tacs qui nous rapprochera de la saison où le temps s'arrête.

En attendant Octobre, j'écrirai des fariboles. Je te les lirai près d'un feu de cheminée. Tu feras semblant d'écouter et de t'extasier. Et dans tes yeux brillera une lueur qui promettra une nuit longue de chaleur.

En attendant Octobre

Je te regarde toi. Tu es l'été qui empêche l'automne d'envahir ma vie ….

LA FEMME DU MARIN

Caroline AUDOUIN

Longtemps j'ai rêvé d'être la femme d'un marin. En écoutant les vagues, en respirant les embruns, je peux imaginer le ténébreux blond ou le brun qui me ferait chavirer et la vie que je mènerai, par la passion emportée …

« Mes matins, je me réveille. Mes yeux s'ouvrent sur la moitié de la couche vide mais intouchée. Jamais je ne m'étale, jamais je ne m'étire, car sa place, je lui garde, fraîche et paisible.

Frissonnante, enveloppée par ma robe de chambre, je me précipite exaltée vers le pas de la porte pour guetter la mer qui telle un jardin s'étend devant moi. Point de navire, point de retour. Il me faudra encore commencer sans lui ce jour. Un seul bol, pas un bruit. Pourtant des petits « lui », dieu sait que j'en ai envie, mais la nature est mal faite : elle a pris mon époux sans m'en laisser un extrait.

Parfois, je rêve, je ferme les yeux et j'imagine nos traits formant un visage, des gestes qui me rappelleraient les siens, une petite voix qui sonnerait dans mes oreilles comme l'air familier de ses mots à lui … puis j'ouvre les yeux et je me languis …

Le jour suit son cours, ponctué par des coups d'œil répétés vers cette voleuse de mari qui me nargue où que je sois, sur cette île sans avenir, et lui qui tarde à venir pour me redonner vie … Entretenir son foyer, ses meubles, chauffer son lit pour être prête à l'accueillir, fatigué, mais enfin apaisé, rendre visite à la famille pour ne pas qu'ils l'oublient, faire les courses, faire des projets, faire comme s'il était là, juste parti pour un tour, ne jamais penser « toujours », oublier le calendrier, puis aussi rester belle, ou du moins rester celle à qui un jour il a dit oui, l'image qui partout le suit, fidèle à son souvenir. Ne vivre que pour lui n'est pas vivre vraiment, mais que voulez-vous, c'est mon alcool violent, ma raison d'exister, ce n'est pas ma moitié, c'est mon intégralité, à lui je suis liée …

Le soir, lourde d'avoir traversée le jour, je m'assieds sur le ponton. Mon regard sur l'horizon, j'essaie de ne pas l'imaginer dans ses ports lointains, heureux et si vivant, caressant d'autres mains, suant sur d'autres corps, faisant l'aventureux, mais tel est son sort.

Car il va revenir, oui, il me reviendra bientôt ...

En me levant un matin, scrutant l'horizon lointain, je verrai l'ombre de son navire tâcher le soleil qui se lève et mon cœur ralenti cessera sa grève. Je courrai jusqu'au port, pensant accélérer la flottaison. Mais les nœuds marins se jouent de moi : 0.5399556 km par heure. Ils divisent le temps, multiplient la longueur. Tic tac tic tac ...Il est plus près de moi ... tic tac tic tac ... il se rapproche ! J'ai si hâte de le sentir que je me mets à frémir...

Le navire est à quai. En descendent des corps fatigués. La peur un bref instant me prend. Suis-je encore celle qu'il attend ? Les doutes se dissipent quand enfin je reconnais sa silhouette. Il est là, beau, resplendissant de vigueur, sourire brillant, muscles bombés, plus fort que mon souvenir, plus grand que personne d'autre ne le voit. Il n'est enfin qu'à moi. J'en oublie ma langueur, je sors de ma torpeur, La vie peut reprendre, la joie réapparaître. Mes joues sont en feu. Il me voit. Me sourit. Je m'avance vers lui. Ses bras sur moi se serrent. Enfin !

Le reste de la journée n'est que retrouvailles familiales et rires. Il avait manqué aux uns, fait rêver les autres. Ses récits mettaient dans ses yeux encore un peu de l'excitation du moment. Il coupait parfois son histoire, tournant la tête vers moi et chacun comprenait que certaines choses pouvaient se passer quand un homme est loin de son foyer depuis une éternité … Mais ça, je veux l'oublier …

Le soir viendra, moment où les dieux laissent aux humains le bonheur de n'être plus que deux. Tout doucement il me dira des mots très tendres, tout ce que je veux entendre. Je l'écouterai me mentir, me dire que repartir est le dernier de ses souhaits, que mes bras sont plus doux que le sable des tropiques, mes yeux plus étincelants que les aurores boréales. Mais le chant des sirènes a atteint une fois son âme, depuis, il en est vassal. Alors, pour qu'il soit heureux, je caresserai sa joue, les yeux dans les yeux, et je le croirai encore un peu, mon amoureux … »

En attendant octobre

ENGLISH PRAYER

Des semaines de labeur réduites à néant par cette pluie violente qui se mêle à présent à nos pleurs, nos cris et notre incompréhension. Qu'avons-nous fait pour mériter une telle punition …

A travers mes larmes, à travers mes pleurs, Je devine le désarroi de mes frères et mes sœurs alignés comme moi devant ce qui était notre avenir. Auront-ils un jour de nouveau la force de sourire ?
Un par un, ces ombres de corps tombent à genoux et joignent leurs mains. La tête penchée en signe de respect, leurs lèvres commencent alors leur rythme fou, frénétique transe de mots chuchotés.

Coupables ils se croient de mille offenses. Mais quelles fautes sont commises quand on sort à peine de l'enfance, un dieu soi-disant va réparer le mal que des âmes innocentes croient avoir causé, dans une honte indécente.

Mais l'évangile se moque des pères et des mères, de ces enfants grandissant sur une stérile terre, du corps du nourrisson, qui de vaine en vaine succion va souffrir une dernière fois avant son expiation.

Nous nous trompons de maître. celui qui règne ici-bas n'est pas un dieu mais la terre, et elle est sourde à nos vœux. A sa loi, à ses droits nous devons nous soumettre.
Car en un éclair elle peut tout réduire en feu, en courant d'air,
En torrent, en terre puis poussière légère... Légère
…
Et que peut-on faire nous, êtres de chair si éphémères, fragiles comme du verre
…
De colère en désespoir jaillit mon côté noir. La rage dans mon corps, je me sens si fort !

Mon sang palpite, mon corps se raidit. La lutte contre le sort ne sera jamais finie ! Le combat ne fait que commencer. J'en serais le perdant mais pas sans batailler.

Du fond de mon âme qu'elle a pris pour tanière de plus en plus fort retentit une anglaise prière. Je la sens venir à mes lèvres, amer fiel. Mes genoux tombent à terre, mes paumes se tournent vers le ciel…

Side in the light, a dark side
lot of hope, a piece of blade
tears light and my story
Becomes a distant point in my memory
Tomorrow will comes, but does not erase
what life affects us today
forever will be read on our face
no antidote to the pain, nothing ... *

Les ombres en pleurs s'approchent de moi, croient avoir trouver la cause de tant de désarroi. Leurs coups et leurs cris m'offrent à leur dieu colérique. J'étais le mal insoupçonné, j'étais un hérétique.

*(un côté dans la lumière, un côté en noir
Beaucoup d'espoir, un morceau de lame

Déchire la lumière et mon histoire
Devient un point lointain dans ma mémoire
Demain viendra, mais n'efface pas
Ce que la vie nous afflige aujourd'hui
A jamais pourra être lu sur notre visage
Pas d'antidote à la douleur, rien...)

En attendant octobre

PYRAMIDE

« Où suis-je ? Qu'est ce que je fais ici ? J'ai attendu des jours et des jours, patientant que ce corps dénué de vie me laisse partir pour me retrouver enfermée dans cette salle aux murs de pierres et au sol de sable. Je ne suis pas seule. Mes compagnons sont trois corps sans vie dont l'enveloppe corporelle a été renforcée par des bandelettes de lin pour les préserver de la décomposition. J'ai subi le même sort, moi, âme un temps prisonnière d'un fardeau de chair et d'os inanimés. Ils ont embaumé mon corps, oint ma peau, parfumé les entrailles pour me préparer à l'éternité. Ils ne savent pas que seule la lueur, l'étincelle qui anime ce lourd corps survit. Je l'ignorais aussi. Me voilà, libre d'attaches corporelles mais prisonnière de cette salle. Est-ce cela, le grand mystère, la mort ?

Je suis une âme, une lueur invisible, un courant d'air, de l'essence pure. Éternelle ? Je ne sais pas. Je ne suis encore qu'une apprentie-morte. Mes pensées sont telles des éclairs, vives, puissantes, évidentes. Mes souvenirs de vivante se manifestent par coup d'impression, de sensation et très peu d'image. Les faits sont effacés, les mots balayés mais les sentiments intérieurs, égoïstes, intimes sont intacts. Je me rappelle l'orgueil, la cupidité, l'envie, l'amour, le bonheur, la méfiance, toutes ces brûlures qui nous font sentir vivants, tous ces fils qui animent ou paralysent nos corps. Tout ce qui reste de nous une fois le lien âme/corps rompu, maintenant je le sais. Mon passé de corps vivant, mon présent d'entité abstraite, tout se mêle et se démêle. Pure émotion, levier déclenchant les bons vieux mécanismes humains. Mais le levier ne peut plus rien déclencher. Suis-je encore vivante ? Mon corps, digne exemplaire de la race qui domine la chaîne alimentaire, est là, immobile et sans vie. Est-il encore humain ? Et puis, le temps, ce vieux fou, semblable au soleil, continue sa course, nous volant nos vies, régisseur et roi que nulle science ne détrône. Il n'existe pas. Pas pour moi. C'est un rythme naturel que l'Homme a réussi à codifier mais pas à maîtriser. Un jour, un mois, une année, une éternité élastique pour l'Homme, une paille, une poussière, un microscopique détail pour l'univers. Le temps n'a pas de prise sur moi. Je remarque juste que l'aspect des choses autour de moi change, inexorablement, à une cadence qui est la leur. Moi, je suis juste constante et figée, mais en éternel bouillonnement.

L'éternité est pour moi maintenant une donnée humaine. Je suis, j'étais, je serai, tout se confond car inutile est la sémantique. Je suis là. Point. Enfermée mais je suis.

Cette intemporalité devrait inclure l'omniprésence, mais ce n'est pas le cas. Je reste enfermée avec des corps inertes et d'autres âmes que je sens mais avec qui le contact est encore impossible. Je pense qu'elles n'ont pas la maîtrise de leurs états. Leurs réflexions (le temps ?) leur feront faire le premier pas. Je suis prisonnière de cet antre, de ce terrier. Les bandelettes partent en lambeaux, la peau se craquelle, les insectes grouillants se sont multipliés puis ont disparu. Qu'en est-il des autres êtres humains ? Questions vaine et incongrue. Je ne leur appartiens plus, ils sont un autre monde. Mais j'ai beau vouloir aller les voir, les rejoindre, c'est impossible.

Comment décrire cette sensation de n'être rien de matériel et pourtant de se savoir enfermée ? C'est un sentiment unique, nouveau, illogique mais sûr. Je ne suis rien de palpable mais bloqué. Un courant d'air dans une bouteille. Une odeur dans un bocal. Est-ce là ma nouvelle vie, mon existence, ma part d'appartenance à cet univers, moi, fantôme dans un monde de matière tangible ? Je suis immatérielle mais soumise aux lois de la physique élémentaire. Vais-je évoluer ? La maturité de mon état va-t-elle me délivrer de cette pesante geôle, alors qu'une irrésistible attraction me pousse à briser les chaînes de la matière pour aller au-delà de la pierre ? Déjà, je change, mes priorités se modèlent. Je dois sortir, c'est une évidence. Ma route, mon chemin doivent se poursuivre mais mon caveau de terre, de sable et de pierre m'en empêche. La pureté de mes pensées, la quiétude, le calme et la sérénité me quittent. Seul le souvenir d'un sentiment humain meuble et anime mon essence : le souvenir de l'angoisse.

……… Délivrez-moi ! ……….

…………………………………….

Je sentis d'abord des vibrations étranges, puis une lueur qui me figea. Alors que la pierre fut soulevée, un fil invisible me tira, m'aspira de ce trou où rien de bon n'existait pour moi. Lors de mon ascension, je vis de drôles d'humains à la peau et aux habits étranges qui s'agitaient autour des enveloppes vides de nos formes anciennes. Nous ne faisions plus qu'un, mes compagnons d'infortune et moi. De la joie dégageaient des cadavres encore en vie qui nous avaient délivrés sans le savoir tandis que notre ascension droit vers le ciel nous emplissait de plénitude. »

Caroline AUDOUIN

DESCENTE DU CIEL

TERRE

Ça devait être vrai car la télévision l'a dit. Devant nos cafés, un présentateur ahuri énumérait tous les signes qui avaient annoncé l'apocalypse. Nos esprits engourdis enregistrèrent que la lumière recouvrirait peu à peu le monde. Dehors, rien de spécial mais ça allait venir. Une partie de mon être sentait la fin arriver et dans les yeux de mon autre, je la voyais aussi. Pas de peur, pas de panique, juste une certitude et le soulagement de pouvoir enfin vivre sans la dictature du temps.

J'ai voulu rejoindre mon foyer, ma famille, tous ceux dont le sang était mêlé au mien. Je voulais être avec lui aussi. Lui, mon amour, mon soutien, voulait vivre cette épreuve auprès de ses proches. Car le sentiment de sécurité est la seule chose essentielle à l'approche d'un tel passage. Se retrouver avec les siens pour les réconforter, pour se réconforter. Nous ne sommes que les pièces d'un même puzzle.

Mon amour, mon ami, reste auprès de moi. Nous irons dans le foyer où j'ai poussé, auprès de ma famille, dans le réconfort des souvenirs de mon enfance et je serai bien. Mais mon amour n'est pas d'accord. Alors que la lumière commence à envahir les rues, il me tire hors de la maison par le bras, ouvre la portière et crie qu'il veut mourir avec ses parents. Il refuse l'idée que nous ne mourrons pas, que nous ne mourrons plus jamais. Je me débats et cours dans la rue. Nous nous retrouverons, après, sauf si nos amours décédés ne nous éloignent à jamais.

CIEL

La lumière extérieure était devenue plus intense. Elle transperçait les nuages qui nous servaient de sol et illuminait nos auras pourtant déjà d'un blanc éclatant.

Les âmes vagabondes avaient changé leurs errances bucoliques pour une course effrénée qui ne les menait nulle part. L'évidence s'était propagée à tous les esprits : le début était proche. Le trouble et la joie se mélangeaient. J'allais réoccuper mon enveloppe corporelle, redécouvrir les sens qui m'ont été ôté. J'allais pouvoir pleurer et rire, danser et dormir et raconter à tous ceux qui ne sont jamais décédés comment c'est, là haut. Je leur raconterai la mort, les méandres, la douleur symbolique qui accompagne la séparation du corps et de l'âme. Puis le moment où l'on se retrouve face à soi-même et qui détermine la façon dont on vit l'éternité.

J'ai dû me regarder, me jauger, me juger puis m'expier de mes fautes, de mes faiblesses, de tous les actes qui ont tâché la paix de mon âme. C'est le douloureux passage qui a fait de moi ce que je suis, ce que je me suis permise d'être : une âme en paix avec elle-même. D'autres ne se donnent pas l'indulgence qu'ils méritent, ils vivent ici aussi tourmentés qu'en bas et ne pensent devoir leur rédemption qu'en des actes physiques, radotant des regrets et délirant de remords.

En cette approche de renouveau, apeurés, gémissant, ils cherchaient à fuir ce qu'ils ont tant de temps clamé, désiré revivre : les démons de leur passé.

J'étais sereine, inquiète et un peu excitée.

TERRE

La lueur peu à peu efface la ville. Je traverse les rues que je devine à peine. La ville muette ne m'offre pas de repère. Mon instinct seul me guide vers ceux sans lesquels ma vie n'aurait laissé de traces qu'un tombeau sans nom. Je sens le gazon craquer sous mes pas. Les bras en avant, je passe la porte. Dans mon cœur, dans mon âme, je sens que je suis arrivée là où pour moi tout a commencé. La voix de ma mère, la toux de mon père. Je suis prête, Mon Dieu ou qui que Tu sois, à subir Ton Jugement. Sonde mon âme au plus profond que Tu puisses et Tu décideras si je suis des Justes.

CIEL

Déjà, mes travers humains m'envahissent. Cette manie de vouloir tout comprendre, de se vouloir au même niveau d'importance dans le karma universel que le Créateur, me poussait à chercher pourquoi maintenant, qui a déclenché le compte à rebours qui nous mène à l'apocalypse. Tout ceci n'était-il pas programmé ?

Je voulais m'unir aux auras de mes proches, de ceux dont le sang avait été mêlé aux miens ici-bas. Je les trouve. Mon père, ma mère et tous ceux qui ont partagé l'éphémère de mon temps d'humain. Mon aura mêlée aux leurs se réchauffe et s'apaise. Mon Dieu, je n'ai plus peur car je retrouverais ceux que j'aime selon Ton Dessein et je Te loue seigneur car Tes écrits se réalisent. Tu seras près de nous, agneaux purs, tout au long du passage, puisse–t-il être moins douloureux que la montée de l'âme.

Nous ne tenons plus, nos auras changeantes comme un ciel de printemps. Faudra-t-il encore une fois connaître la pénombre solitaire et silencieuse, les méandres infernaux où l'on voudrait en finir de sa mort ? Impossible selon moi, les épreuves sont passées, la valeur ou dévaleur de chaque âme a été fixée. Rien n'a pu changer dans l'immuabilité des cieux, le poids de l'âme ne varie plus. Le misérable redeviendra miséreux, le vertueux redeviendra vertueux.

La lumière devenait aveuglante, le ciel s'embrasait. Il était l'heure. Je me sens dégringoler. Je chute librement, à toute vitesse. C'est long et effrayant.

Autour de moi, des millions d'âmes affolées font le même chemin. Je sens des cris silencieux vibrer hors de leurs auras. A proximité de la terre, à une distance qui paraissait identique pour tous, les cris cessèrent. C'était là que la grandeur du tout puissant se réalisait. Comme une bulle remplie de fumée éclatait, les âmes entreprirent leurs ultimes transferts. Je me sens exploser, communier avec la lumière, puis aspirée vers ma prison de chair.

Je criai, je criai à plein poumon, comme l'enfant qui vient de naître. Je revivais enfin.

TERRE

La lumière est partout, douce et apaisante. Elle recouvre le monde, vient de toutes les directions pour rendre invisible le monde réel. Des cris viennent déchirer cette blancheur. Des cris qui accompagnent une chute, j'en suis sûre, des cris effrayés qui tout à coup s'arrêtent, laissant place à d'autres dans un flot continu. Les cieux tout à coup se vident sur la Terre, laissant couler les âmes comme une pluie de mousson. Elles couleront jusqu'à la dernière goutte, dernier grain du sablier qui s'arrête à jamais. Et nous retrouverons enfin ceux que nous avons pleurés, ceux pour qui nos cœurs se sont vidés. La non-vie enfin va pouvoir commencer.

Caroline AUDOUIN

LE PARDON

« Chers amis,

Je prends mon courage à deux mains et enfin ose vous écrire. Je me rends compte que beaucoup de temps a passé depuis notre dernière rencontre mais nous savons, vous et moi, qu'elle restera à jamais graver dans nos mémoires..

Ici, il fait beau. Le cadre de vie est somptueux et j'ai la chance d'entendre le chant des oiseaux à mon réveil. Cela m'a beaucoup aidé à traverser toutes ces années, à traverser toutes ces épreuves.

Moi, je vais bien. Mon moral a connu des hauts et des bas. Je me suis découvert une volonté et une force de caractère qui m'ont aidé pendant ma convalescence. J'ai survécu. Je suis là aujourd'hui et ma première longue lettre est pour vous.

La thèse de l'accident a été retenue par tous et je

m'y soumets. J'ai été au mauvais endroit au mauvais moment, un court instant subi plus que vécu, paradoxalement, les conséquences sont bien réelles et les dégâts ne s'éclipsent pas en claquant des doigts. J'ai toujours été choqué par la vitesse et la facilité à laquelle se détruisent les objets et la lenteur et la difficulté que prend leur réparation. Et croyez-moi, c'est du vécu pur !

Mais tout ceci est du passé.

Que vous dire d'autre sauf que les jours sont longs allongés sur ce lit ? J'ai passé de longs mois à ne pas supporter qu'on me touche, qu'on me manipule, qu'on me transporte comme un paquet. J'ai surmonté. J'ai retrouvé l'usage de mes bras. Les docteurs sont confiants pour la motricité de mon visage mais les cicatrices restent là. Et resteront à jamais.

Mais je parle de moi et je ne vous demande pas de vos nouvelles. J'ai appris vos mariages, la naissance de vos enfants, vos promotions professionnelles. Apparemment, vous menez des vies tranquilles et sans histoire. Savourez chaque jour comme s'il était le dernier.

Si par hasard, vous passez dans le coin, venez

donc me rendre visite.

Nous parlerons du bon vieux temps, de ces 10 dernières années …… et des chemins de fer.

A bientôt

Votre ami pour la vie. »

LA COULEUR DU CIEL

J'erre dans l'espace, la tête dans les étoiles. Je sens en moi une âme d'artiste, le besoin de m'exprimer qui dépasse les mots. Cet élan est frustré car tout autour de moi est froid et sans intérêt. Je suis né dans l'espace, à bord d'un vaisseau spatial. Il faut remonter loin pour voir ma lignée fouler d'un air indifférent le sol de la Terre-mère. Il faudra attendre longtemps avant que ma lignée ne connaisse la fin de ce voyage et qu'elle ne foule le sol de la Terre Promise. Nous ne sommes, occupants de cette carlingue, qu'une étape, qu'une génération de plus qui maintient les machines en route pour de futurs colons.

Du passé de la Terre-mère, je ne connais que les copies d'œuvres d'art destinées aux futures colonies. J'ai beau fermé les yeux pendant des heures dans le silence absolu ou fixer les films, le volume monté à fond à me brûler les yeux et m'assourdir, je ne peux pas me représenter un nuage. Aucun hologramme ne peut faire oublier que mon univers se limite à cette couveuse à colons volante. Dehors, c'est le noir, le vide.

Que puis-je rêver, que puis-je exprimer dans ce décor aseptisé où tout est régenté, organisé. Chacun a son rôle dans cette triste copie de société. Chacun reste à son poste. Pas de révolte, pas de rebelle. Juste 30 êtres humains sans âme dont même la reproduction a été planifiée. La manipulation génétique a ôté tout mystère au sexe des futurs enfants. La naissance n'est plus que la création de main d'œuvre destinée à poursuivre la mission. Rien qui excite mon imagination, rien pour nourrir ce mal qui emplit mon cerveau, pour calmer la boule dans ma gorge. Mon esprit cherche, pense dans tous les sens, me paralyse. Mon imagination veut s'envoler mais ne sait pas vers où aller. Je lis Victor Hugo, je regarde Monet, Rodin. Je comprends les sentiments qu'ils voulaient exprimer. Je sens leur satiété, j'imagine leur bien-être après avoir vider leur cerveau, arracher la moindre parcelle d'envie d'expression dans un monologue si clair à leurs yeux mais aux significations multiples pour le commun des mortels. J'écoute ces discours, je les laisse me parler mais rien autour de moi ne me permet de leur répondre.

Car je l'avoue sans honte, je n'ai jamais connu ni l'amour, ni la haine, ni la colère que décrit si bien l'art terrestre. Je n'en ai jamais vu, jamais ressenti. Ici ne règnent que le sens du devoir, la satisfaction d'accomplir au mieux son rôle dans le vaisseau et la fierté de contribuer à la dernière conquête humaine. Tous les sentiments humains se sont étiolés au fur et à mesure du cycle de la vie : chaque génération attachant de moins en moins d'importance à ces valeurs humaines, ces réflexes sociaux d'une lointaine civilisation.

J'aimerai savoir quelle société grandira sous l'égide des colons, capables de maîtriser l'électricité, la microchirurgie, l'optimisation de l'agriculture mais inquiets de voir leurs cœurs s'emballer devant le sexe opposé, sentant un feu les envahir devant un problème. Auront-ils des réactions primales, bestiales ? Rapprocheront-ils ce qu'ils ressentent aux sentiments illustrés dans leur musée ? Rien de ces constatations ne me tirent un vers, une toile, une chanson. Je ne puis qu'imaginer leurs vies sans pouvoir les décrire. Je ne sais pas ce que c'est de regarder les nuages se déplacer lentement dans un ciel tout. Quelle est la couleur du ciel ? Bleu comme les flèches qui mènent au réfectoire ou comme l'uniforme des agents d'entretien ?

« Oh ! Que c'est bon de voir

Dans un ciel bleu les nuages se déplacer lentement

Bleu comme les flèches qui mènent au réfectoire

Bleu comme les agents d'entretien ont leurs vêtements ».

J'ai beau ne pas être critique, j'ai tellement lu de poèmes que je me rends bien compte que je suis ridicule. Ces 4 vers sont les pires que le cerveau humain ait créé. Mais je crois bien que ce seront aussi les derniers.

LA RUE
OU LES CHATS DORMENT
SUR LES TOITS

« Bel insensible, indifférent, que ton sommeil est léger et tes journées douces.
Tu réclames, çà et là, des attentions et de l'amour, aveugle et sourd au monde qui nous entoure.
Tu ignores le sort de tes congénères,

Ceux qu'on appelle les chats de gouttière, dans ta prison, cloîtré, dans ton univers imposé.
Ton indolence je t'envie, animal sans pensée mais plein de ressenti.
Que j'aimerais, moi aussi, partager ton insouciance, du malheur dans tes yeux je note l'absence.
Être sans défi, destinée sans conséquence, vivre le jour comme il vient, ignorer le jour qui suit, insensible au monde, que je t'envie!
Je veux ne pas croire, ne pas espérer, ne pas

rêver, ne pas me révolter et vivre, simplement vivre. Vivre pour la vie car elle est belle, vivre pour vivre, vivre pour aimer, dormir, me blottir, sentir mon ventre plein et mes poumons se remplir. Hélas le choix ne m'est pas donné, ma prison est plus grande que celle où tu es gardée.

Le réconfort est de te savoir épargné. »

« Je suis là et j'observe les tourments qui vous gouvernent.

Autant de folies que je sais vaines !

Je ne laisserais pas la violence de votre univers ternir mon âme.

Votre monde est un abîme, vos auras sont toutes entourées de flamme.

Vos mille erreurs, je ne pourrais supporter.

Vous nous dorlotez, sans doute pour vous disculper. Mais je vais quand même vous livrer mon secret.

Mon corps astral est prisonnier, mon corps céleste est affranchi. Car si je dors, je me dodeline, j'ondule, je paresse c'est parce que je m'enfuis.

Je sais que pour ma race existe un paradis.

Un endroit sur cette terre que vous n'avez pas encore souillé.

Une place d'une telle beauté que l'esprit de l'Homme ne peut pas savourer.

Elle est là, je le sais, ma finalité.

Avec vos yeux aveugles, vous ne la trouveriez pas.

La rue où les chats dorment sur les toits.

C'est un endroit créé par une fée, un refuge pour celui qui voudra se protéger.

Un rose pastel y prédomine, on y voit rôder des ombres félines.

Lieu de recueil en pleine barbarie, lieu de méditation ailleurs qu'en Asie.

L'orage la contourne, le temps s'y arrête. Le soleil freine pour observer ces silhouettes.

Il y a matous, chats et puces en corps.

Elle ne vit que pour moi et j'y pense très fort. Nulle part sur les cartes ni sur les hémisphères, elle m'attend, paisible, derrières mes paupières. »

LE FAISAN

Madame et monsieur faisan vivaient dans la forêt.
Leur vie était paisible et bien ordonnée.
Hélas un jour, un fait vient troubler leur quiétude :
Madame faisan eut mal à la denture.
Monsieur faisan fut très embarrassé
Comment calmer la douleur de sa dulcinée ?
Il alla quérir conseil auprès du sage hibou
Qui gloussa à l'embarras de l'époux :
Ta dame ne peut avoir mal aux dents
Car les oiseaux point n'en ont.
Monsieur faisan intrigué repartit à son logis,
Et sur le chemin mit au point une stratégie :
Si ma douce a un mal inexistant,
Je vais moi-même inventer le médicament.
Il cueillit dans son bec
Un bout de bois un peu sec

Et ordonna à sa bien-aimée
Pendant un quart d'heure de le mâchouiller :
C'est le sage hibou, lui dit-il, qui m'a conseillé cette médication.
Madame hibou mâchouilla et n'eut plus mal à la dentition.
Par sa psychologie, monsieur faisan trouva la solution
A une contrariété dont sa dame imagina la création.
Moralité : le mâle faisan fait parfois bien les choses !

LES PAS PERDUS

Lentement nous nous sommes approchés
Le cœur lourd et la justice en poignée.
Nos pas cadencés auraient dû les faire fuir
Mais l'âme ne fait pas le cuir.

Le regard froid, nous devenions comme eux
Pour ne pas faillir, surtout ne pas baisser les yeux.
Sans autres armes que nos idées,
Nous nous battons pour elles, c'est notre destinée.

Au gré des vents, au gré des pales,
Oh ma vérité
Me jouant du bien, me jouant du mal,
Je te retrouverai !
J'ai entendu leurs balles
Qui sifflaient pour nous faire flancher.
J'ai entendu ton râle

Mais je ne l'ai pas écouté.

Maintenant il est trop tard

Tu t'es envolée.

Je constate hagard

Que je n'ai plus rien à sauver.

La paix a été tuée …

LA VIE C'EST ÇA

Qu'est la vie ? Rien. Nous ne sommes qu'un ensemble d'os, de sang et de chair. D'après certains, résultat de la collision entre un météore et la lune, poussières qui n'auraient jamais du tomber sur Terre, d'après d'autres, animal qui a pu développer ses capacités intellectuelles, sédentarisation, culture de sa nourriture et pouces répréhensibles aidant.Mais nous restons un ensemble d'os, de sang et de chair.

Comme un cercle sans fin, l'espèce humaine se reproduit, cherche à conquérir d'autres terres, se bat, tue au nom d'une ethnie, d'une couleur de peau, d'une tribu dont le besoin d'appartenance est inscrit dans ses gènes. Les moyens évoluent, stratégiquement plus subtils, décorum trompeur mais qui abuse qui ? Le but, que nous n'osons plus nous avouer, que nous dissimulons derrière des

causes plus nobles, soi-disant juste, est toujours la survie de notre espèce, communément au règne animal.
Voilà ce qui guide tous nos gestes, nos actes, nos pensées : notre inconscient animal. Car animaux nous sommes, animaux prétentieux qu'un dieu surveillerait comme sa créature sacrée, que la philosophie veut anoblir au rang d'élite biologique vouée à une compréhension de l'univers tout entier, théorique sur-élevage au rang d'«êtres supérieurs» résultant de notre narcissisme sans borne mais salvateur. Mais il est vain d'être vaniteux.

Regardant le ciel et son immensité, l'Homme devrait se rende compte de sa petitesse.

Alors, remplissons le temps des jadis chasses, des révolues récoltes, des sanguinaires combats. Les défis personnels, les carrières, les passions, les questions existentielles : tout n'est que poudre anesthésiante, adrénaline fugace, du temps rempli en attendant que nos corps usés cessent de fonctionner.
Autoréconfortons-nous dans nos croyances

dérisoires, nos certitudes rassurantes, simples parades devant la vacuité de la vie et entretenons l'illusion de bonheur qui animent nos proches, aimons-les, faisons-les rire encore et plus fort et envions-les. Envions leur capacité à centrer leur existence autour de choses qui ne leur survivront pas, leur capacité à croire que leur désarroi peut assombrir le ciel. On ne rit pas parce qu'on est heureux, on est heureux parce qu'on rit. Pendant ce bref instant, nous oublions un petit peu la vanité de la vie.

Puis,
... au milieu de ce grand rien, ...
... il y a ...
(le monde, la Terre ; une pomme, son jus sucré qui inonde nos mentons ; les trois notes de musique qui rythmeront notre journée ; le parfum d'un plat qui mijote : la douche qui inonde nos corps de mousse et de tiédeur ; un coucher de soleil, un tableau de Warhol juste pour les couleurs ; le sourire d'un enfant pour la chaleur ; le velours d'une peau pour la douceur...)
... tous les éveils de nos sens qui font nos cœurs

battre un peu plus vite que d'ordinaire....

.... et la vie c'est ça !

LE PARADOXE DES SENS

Je te touche : je te sens

Je te parle : je te touche

Je t'écoute : je te vois

Je te goûte : je te ressens

Caroline AUDOUIN

QUAND L'ASILE LE MOINS SUR EST LE CŒUR D'UNE MERE

Les deux charmantes dames aux cheveux argentés avaient l'habitude de se convier à boire le thé à tour de rôle. Il y a dix ans, elles s'étaient rencontrées dans la salle d'attente de leur médecin, et avaient bavardé avec aisance. Leur rencontre fortuite s'était renouvelée, accompagnée toujours par d'agréables conversations. Elles se décidèrent un jour de boire le thé ensemble, et c'est ainsi que s'instaura le rituel bihebdomadaire. Elles partageaient ensemble leurs histoires du passé, écoutant l'autre patiemment évoquer pour l'énième fois un même souvenir mais sachant que cette politesse leur serait rendue. La routine de leur vie était agrémentée de ces petits moments
Cet après-midi là, un après-midi des plus banals où la monotonie n'avait rien trouvé pour la perturber, c'est à Mme Jill Corrie, veuve Smith de prendre le

bus pour se rendre chez Mme Aurora Campbell veuve Mel. Ses deux charmantes dames n'avaient plus depuis longtemps la vision nécessaire pour conduire, il faut le dire. Puis ces petits voyages les ravissaient, leur donnant la sensation de rester indépendantes.

Jill poussa la grille du jardin. Bobs, chien fidèle à la famille Mel depuis 12 ans, releva sa tête avec lenteur pour pousser un « ouaff ». La vieille dame le regarda en se disant que tous deux avaient pratiquement le même âge et éprouva de la tendresse pour ce vieux toutou édenté. Elle soupira en avançant, combien de temps leur restait-il à tous les deux … Avant de poser le pied sur la première marche du perron, un bruit attira son regard vers les étages de la maison. Ce fut un bruit de chute, comme un objet qui tombait. Puis le bruit se répéta … se répéta …dans un rythme régulier. Ce n'était pas la première fois que cela arrivait. Jill pensa qu'Aurora devrait vraiment faire venir un menuisier pour ce volet qui claquait. Elle continua à monter les marches et sonna à la porte. Ce fut une Aurora pimpante qui lui ouvrit, coiffée de frais et habillée d'une robe au ton orangé qui donnait à cette femme de 70 ans un air de retour de vacances. Aurora salua chaleureusement son amie et commença d'un air enjoué à lui raconter sa journée. Parlant comme si elle s'était retenue pendant des années, elle entraîna dans un piaillement joyeux Jill vers le salon. Le service à thé en porcelaine les attendait, brillant et fumant du breuvage rituel. Peu à peu, le flot de parole se tarit, et la conversation reprit le rythme habituel. Jill, peut être pour la première fois depuis des années, commença à regarder attentivement la pièce en écoutant pour l'énième fois les récits de guerre du défunt M. Mel. Un vaisselier dont la vitrine dévoilait des verres en cristal, un meuble en merisier où trônaient des photos de mariage vieillies par le temps, un vase en terre cuite arborait des pétunias fraîchement cueillis, le tout dans un ordre presque parfait. Des tableaux de nature morte … un mot prononcé par Aurora stoppa cet inventaire : « c'était juste avant la naissance de ma fille ». Jill posa son regard sur son amie et eut l'impression de sortir d'une longue torpeur. Avait-elle ne serait-ce qu'une fois fait attention à ce qu'Aurora lui racontait ? « Sa fille » ... 10 ans à boire le thé ensemble et elle ne se souvenait pas d'avoir entendu une fois le prénom de sa fille. Elle se souvenait que la guerre, c'était « avant la naissance de sa fille », que la famille s'était installée dans cette maison « peu après la naissance de sa fille » mais le reste ... Toute femme était fière de raconter le mariage de ses enfants, ou se pavaner de l'intelligence de ses petits-enfants, mais là, rien !! Jill réalisa que toutes les deux ne se connaissaient pas comme devraient se connaître des amies de longues dates. Intriguée, elle chercha une manière anodine d'aborder la question et osa :

« - quand crois-tu que ta fille te rendra visite ? »

Un froid glacial envahit la pièce. La bonne mine d'Aurora se transforma en masque de cire. Ses joues se creusèrent, ses lèvres se pincèrent pour ne plus former qu'un trait. Elle posa sa tasse de thé et son regard se perdit dans le vague pendant un long moment. Jill fut paralysée d'effroi à cette réaction physique qui surpassa tous les mots. Elle fouilla dans sa mémoire et n'eut aucun souvenir qu'un malheur soit survenu à la petite. Mais quel était donc son nom ?!? La culpabilité d'avoir fait une maladresse se mêla à la curiosité. Au lieu de se fendre en de mièvres excuses, elle dirigea son regard vers son « amie » et attendit … et dans le silence total et pesant, imperceptiblement, Jill entendit ce bruit de chute qui se répétait … se répétait … se répétait … le sang de Jill commença à se glacer. Elle but une gorgée de thé pour se donner un peu de contenance. Aurora brisa enfin le silence, le regard fixant le sol.

« - Je savais qu'un jour, ce moment viendrait hélas. C'était agréable d'évoquer tous ces souvenirs, tous ces moments de nos vies si pleins d'émotions. » Ce n'était plus du tout la politesse qui guidait l'oreille de Jill, mais la curiosité, une curiosité malsaine de connaître un secret, mêlée à de la frayeur, mais elle était délicieuse.

« - Ce n'est pas que je sois malheureuse de ce qui est arrivé à ma fille, au contraire ! D'un malheur est née une grande sérénité pour moi. » Jill ne comprenait plus rien, mais était excitée de savoir le fin mot de l'histoire !! Elle regardait attentivement les lèvres d'Aurora former les mots qu'elle prononçait tandis que ses oreilles à l'affût en enregistraient les moindres nuances. Son corps tout entier s'était penché en avant pour ne pas risquer de rater une seule miette. « Personne ne peuvent comprendre tous les soucis que peuvent causer d'avoir une fille aussi jolie. Car mon Edwige était une jolie adolescente, oh ça oui ! » Aurora hochait la tête en disant ses mots « des cheveux longs, toute fine avec des hanches qui dansaient quand elle marchait. Oh ça ! Mon mari et moi, on savait que si on ne la surveillait pas de près, des vautours allaient vite voler autour d'elle. » Sa tête se tourna vers Jill « Pendant un temps, on a pu, lui interdire de sortir. Je contrôlais même tout ce qu'elle portait ! La pauvre, dans un monde sans tous ces hommes aux pensées obscènes, elle aurait pu porter de jolies tenues qui l'auraient fait ressembler à un ange. Mais je choisissais pour elle des couleurs fades, des tee-shirts et pantalons coupés « à la garçon ». Même là elle avait de l'allure. » Son ton devenait suppliant, comme pour demander le pardon, pour s'excuser « Son père lui répétait de se méfier, de ne pas écouter les beaux parleurs. Nous n'étions pas dupes : la priver de sortie limitait ses contacts mais il restait l'école et tous ses adolescents libidineux. Oh Edwige tu étais si belle et si pure ! Tu ne voyais pas le mal qui t'entourait. » Jill écoutait la bouche un peu entrouverte. Un peu de bave s'écoulait de ses commissures, d'un réflexe, elle l'essuya de sa manche. Elle se délectait d'un plaisir qu'elle savait malsain de chacune des paroles de son « amie ».

« - Un adolescent, ç'aurait été un moindre mal au fond. Un peu de flirt, une amourette, ça, on le craignait à l'époque. Si on avait su !! Mon mari choisit ce moment pour nous quitter. Ce brave homme ! Cette perle qui avait connu la guerre et ces chiens de nazis mourut après 3 jours de fièvre. Dans son délire, il chassait des hommes fantômes qui voulaient abuser de sa fille. Je l'entends encore « Arrière ! Allez-vous-en ! Vous allez la salir !!! ». » Son regard envahi par de fines gouttes d'eau se retourna vers le sol. « Si vous l'aviez connu à l'époque, vous sauriez que ce n'était pas que de la fierté paternelle. Son teint clair, sa façon de rire … Tout était ravissant. Et je me retrouvais seule pour protéger cet ange. Edwige grandit peu à peu hélas, elle devint une petite femme. Cela faisait drôle de la conduire à l'école, de voir ses camarades aux formes enfantines alors que ma fille avait des rondeurs là où il le fallait. Je regardais leurs regards envieux et jaloux quand les garçons se détournaient d'elles pour admirer mon petit bout de femme. Je rentrais chez moi chaque fois le cœur lourd, regrettant de ne pas pouvoir la suivre en cours et les empêcher de la regarder. » Ses lèvres se pincèrent, son regard revint se poser sur celui de Jill. « Puis ce fut le début de la vraie adolescence, celle où les parents sont nuls, où on se croit prisonnier injustement, où on sort en douce le soir … La pauvre ! Je la comprends un peu ! Si convoitée, elle en avait des occasions pour s'amuser. Et moi, je faisais ce que je pouvais pour la retenir et l'empêcher de sortir. Elle disait que j'étais jalouse et tyrannique, que je ne la comprenais pas. Puis elle s'enfermait dans sa chambre au premier. Je croyais que je la défendais contre une bande de petits écervelés qui buvaient de la bière. Je croyais que c'était eux qu'elle allait retrouver en s'enfuyant par la fenêtre de sa chambre. Sauf qu'un soir, je compris mon erreur … » Son regard se remplit d'une lueur de colère, comme à l' « époque », Jill le devina. « Un soir, elle est sortie par la fenêtre en croyant que je ne m'apercevrais de rien, comme d'habitude. Et comme d'habitude, je restai éveillée en attendant les petits bruits de son retour dans sa chambre. Mais cette nuit-là, elle rentra par la porte d'entrée. Je me suis levée. En sortant de ma chambre voisine à la sienne, je la vis prendre un grand sac et y fourrer des habits. Ma petite voix à ce moment m'avait surpris. Je lui demandai ce qu'elle faisait, elle me répondit qu'elle partait. Elle partait vivre avec son amour. Je lui disais qu'ils étaient trop jeunes, j'essayais de la raisonner tout en les suivant, elle et son sac, vers l'entrée. C'est là que je vis que ce n'était pas un adolescent qui me volait ma fille, mais un homme. » Sa tête se tourna vivement vers Jill, lui faisant parcourir dans le corps une onde de froid glacial. « Il se présenta avec un sourire narquois, elle ne voyait pas à quel point il était narquois ?!? C'était son professeur de sport. Ils s'aimaient soi-disant et voulaient faire leur vie ensemble. Elle n'avait que 16 ans, que savait-elle de la vie ? Et lui et sa trentaine passée s'étaient bien gardé de lui expliquer ! Du perron, je les vis mettre les sacs de mon ange dans le coffre, monter dans la voiture et démarrer. Je me souviens avoir fermé les yeux, joint les mains et prier au miracle. A ce moment là, j'entendis un fracas de métal. » Aurora se leva et se dirigea vers l'escalier qui menait au premier, tout en continuant à parler. Jill compris qu'elle devait la suivre. « Tu te souviens que j'ai été infirmière pendant la guerre ? J'en ai soigné des gueules cassées, des hémorragies, des membres déchirés, toute seule car on manquait de médecins. Cela m'a bien servi, tous ces terribles moments où on tient entre ses mains la vie de quelqu'un, où on n'a pas d'autres choix que de faire les choses.

Quand j'ai entendu ce fracas, j'ai couru vers le bruit. C'était, tu t'en doutes, leur voiture. Elle avait été percutée par un conducteur qui était ivre pour ensuite finir en flamme, selon les articles du journal du surlendemain. Mais personne n'a jamais que ma fille était dans la voiture. Non, je l'en aie extirpée avant. » Elle s'arrêta dans le couloir du premier étage. Jill avait un peu peur, beaucoup peur même, mais elle voulait savoir. « Il avait cassé ma jolie poupée ! Je l'ai traîné jusqu'à la maison, dieu merci, il n'y avait personne cette nuit-là et le choc de l'accident l'avait rendue inconsciente. Sa colonne vertébrale était brisée en 3 endroits et son visage était béant du milieu des yeux jusqu'au côté de la mâchoire gauche. J'avais vu pire, et pendant que je la soignais, j'essayais d'oublier que c'était ma fille, pour ne pas pleurer, pour ne pas m'apitoyer. Je me permettais juste de me répéter « ça ne se passera pas une seconde fois, je te protégerai ... ça ne se passera pas une seconde fois, je te protégerai » ... » Aurora se tut et se tourna vers Jill. Dans ce silence soudain, on entendit le bruit d'un objet qui chute qui se répétait ... qui se répétait ... « je suis sûre que tu comprends que je n'avais pas le choix ! Mon cœur de mère me l'a dicté !! » Aurora s'approcha d'une porte et l'ouvrit. « Mon bébé est en sécurité tout près de moi ... »

Jill s'avança et son cœur cessa de battre.

Son corps chuta au fur et à mesure que la vie le quittait. Sa dernière vision fut une jeune fille maintenant défraîchie, ouvrant et fermant la bouche pour pousser un cri qui ne sortira pas, le corps immobilisé par des liens sur un rocking-chair qui, installé trop près de la fenêtre, se balançait en cognant le mur, faisant un bruit de chute qui se répétait... se répétait...

ÉMOI

Hôte de mon cœur, rien ne se compare à la saveur de tes lèvres où meurt ma raison sans rancœur. Prisonnière de ton âme où règnent les flammes. Sous tes pensées, douce esclave se donne sans entrave. Captif de mon aura, dans ton regard vivra dans une lueur le souvenir je le sais de mon sourire. Temps, tu te figes, médiocre devant le prestige, jaloux de la grandeur d'un battement de cœur. Chaleur de peau fantôme, odeur qui dure d'homme. Parfum féminin sur ton corps, comme un butin.

LA FEMME DU MARIN

(2ème partie)

Caroline AUDOUIN

« Ma muse est partie, loin de moi, loin d'ici. Une fois encore, il a suivi le chant des sirènes, une fois de trop, l'heure des horloges s'égrène … Ce que je peux lui offrir ne suffit pas à le combler, et le vide en moi va finir par me happer. Ce manque, je le comble à présent, sans amour mais avec délectation. Je fais après tout pareil que celui qui m'a promis devant Dieu et ses pairs soutien et fidélité pour la vie. Mais quelle vie ! Seule, enchaînée à cette île, abandonnée par cet homme … Mon cœur a atteint un point où il ne peut souffrir d'avantage, comme une anesthésie aux peines de mon âme. Est-ce l'instinct de survie ? Il ne m'en est cure … Je me suis tournée vers une âme pure … Dans mon village, la rumeur s'est répandue, mais les regards à mon égard ne sont pas ambigus. Pas de haine, pas de jugement, juste de la compassion à mon infiniment grand tourment. Seul le bris des vagues sur les falaises me répète comme une ritournelle « Tu es une infidèle ... Tu es infidèle ... ». Je me fiche maintenant de ces reproches continuels ... Qui est-elle, cette mer, pour me juger, elle qui est la cause de mes mélopées ! Ma souffrance se transforme en colère envers celui qui me la préfère, cette rage perfide me tire vers les bras de celui qui remplit le vide. Enfin, je me sens aimée, enfin je me sens vivre et un sentiment de sécurité, de gaieté me rend ivre. Pendant un moment, je souris sans raison, je chantonne avec passion ... Pendant un moment ...

Le soir, avant de m'endormir, son image vient me visiter. Je pleure doucement, fatiguée d'avoir contre lui tant pestée ... Je songe au moment où je reverrai débarquer ... A lui seul, je serai. Il me sortira ces boniments et l'âme pure sera balayée ... Quand la muse ment, l'amant peine. L'amusement ... l'âme en peine ... Telle est ma destinée pour avoir un jour un peu trop aimer...

Ma destinée est-elle déjà tracée ou y-a-t-il un espoir pour moi d'enfin la vie savourer …

Peu à peu … Sans rien que je fasse … En touche infiniment petite … Le manque est moins lourd à porter, allégé par les moments passés à me sentir aimer, en sécurité … La raison prend le dessus sur la passion … La vie a pris une teinte colorée, mon sommeil est moins triste et mon ventre s'arrondit … L'aimer, je ne peux hélas arrêter. Qu'il ne revienne plus, j'en viens à souhaiter … »

FIN

DEDICACE

À LA VIE QUI M'A INSPIRÉE

À LA VIE QUI ME SURPREND ENCORE ET TOUJOURS

À LA VIE QUI, QUOIQU'IL ARRIVE, EST BELLE

www.ingramcontent.com/pod-product-compliance
Lightning Source LLC
Chambersburg PA
CBHW031455040426
42444CB00007B/1104